Emmi Lou Noor

EIN HEIMCHEN
NAMENS BRUNO

Meine schönste Coronageschichte

3. Auflage 2021
© 2020 Emmi Lou Noor
emmilounoor@web.de
Text und Illustrationen: Emmi Lou Noor
Herstellung und Verlag:
BoD BOOKS on DEMAND, Norderstedt
www.bod.de
Printed in Germany
ISBN: 978-3-7519-0399-8
Englische Ausgabe: „A Cricket Named Bruno"
ISBN: 978-3-7519-5835-6

Für Stine

Nach einer wahren Geschichte

Es war die Zeit, in der sich bei uns von heute auf morgen einfach alles änderte. Meine Schule wurde geschlossen und auch die Kita von meinem kleinen Bruder Max. Wir mussten die meiste Zeit zu Hause bleiben und zum Spielplatz durften wir auch nicht mehr. Der war nämlich auch geschlossen. Die Schwimmhalle, das Kino und der Eisladen an der Ecke hatten zu. Und sogar das Restaurant gegenüber, wo es die leckerste Pizza der Welt gab. Wir konnten keine Anziehsachen mehr kaufen gehen und auch keine Schuhe. Dabei hatte ich mich schon so auf meine neuen Sandalen gefreut.

Mama ging nicht mehr zur Arbeit. Sie musste auf uns aufpassen, weil auch Oma und Opa nicht mehr zu Besuch kommen durften. Mama sagte, das sei wegen des neuen Hustens, gegen den es noch keinen Hustensaft gab. Und weil keine Flugzeuge mehr flogen, konnte auch Papa nicht mehr nach Hause kommen. Er war nämlich gerade in Neuseeland.

Wir waren wegen allem sehr traurig. Vor allem Max. „Papa, ich will zu Papa!", wimmerte er, als wir abends im Bett lagen.
„Papa kommt bald. Ganz bestimmt!", sagte ich.
Doch Max zog sich die Decke über den Kopf und wimmerte weiter.
Ich seufzte und überlegte gerade wie ich ihn trösten könnte, da hörte ich auf einmal ein leises Geräusch. Was war das? Ich setzte mich auf und lauschte. Es hörte sich an... ja, es hörte sich an wie ein Zirpen! Wie das Zirpen eines Grashüpfers!

Ich schaltete meine Nachttischlampe an und schaute mich um. Woher kam das Zirpen? Das herauszufinden war gar nicht so einfach. Also stand ich auf und tapste mit gespitzten Ohren im Kinderzimmer herum.

„Was machst du?", fragte Max, der jetzt neugierig unter der Bettdecke hervorlugte.

„Pssst, hörst du das Zirpen!?", flüsterte ich.

Max machte große Augen und lauschte. Dann nickte er.

„Das muss ein Grashüpfer sein. Vielleicht ist er von draußen reingeflogen."

Max schaute zum Fenster und dachte angestrengt nach.

„Weißt du noch letzten Sommer? Bei Oma und Opa im Garten? Wie wir auf der Wiese Grashüpfer gefangen haben?"

Ich nahm ein Foto von der Pinnwand und gab es Max. Auf dem Foto war ein Grashüpfer, der gerade über meinen

Finger krabbelte.
Max schaute das
Foto an. Dann sagte er:
„Ja, Grashüpfer!"
Seine Tränen waren
wie weggeblasen.

„Wo ist er?", wollte Max jetzt wissen.

„Das weiß ich nicht", sagte ich. „Aber wenn du mir Suchen hilfst, können wir das Fenster öffnen und ihn wieder frei-lassen!"

Max stieg aus dem Bett und gemeinsam suchten wir den Boden ab. Wir schauten hinter den Papierkorb, schüttelten die schweren Vorhänge aus und guckten in alle Ecken. Wir lugten hinter meinen Schreibtisch und leuchteten mit der Taschenlampe in die Ritze zwischen Bett und Wand. Max schaute sogar unter Opas altem Kleiderschrank nach.

Doch der Grashüpfer war nirgends zu finden.

„Mir ist kalt", sagte Max.

„Mir auch", sagte ich. „Lass uns morgen weitersuchen, okay?"

„Okay", sagte Max und stieg zurück in sein Bett. Dann sagte er: „Annabelle?"

„Ja?"

„Kommst du Kuscheln?"

Und als ich sah, wie er mich mit seinen großen, braunen Augen anblickte und mit den Zähnen klapperte, machte ich die Nachttischlampe aus und kroch zu Max unter die Bettdecke. Dort kuschelte ich mich an ihn.

„Max?", sagte ich, als wir schon eine Weile so dagelegen hatten und uns langsam wärmer wurde.

„Ja?"

„Freust du dich schon, wenn wir wieder bei Oma und Opa sind?"

„Ja!"

„Ich freu' mich auf die Schaukel."

„Ich mich auch."

„Und vielleicht backt Oma für uns Apfelstrudel."

„Ja! Mit Vanilleeis!"

„Hmmm..."

Und als ich mir das alles vorstellte, war ich im nächsten Moment auch schon eingeschlafen.

Als Max und ich am nächsten Morgen aufwachten, war das Zirpen immer noch da. Gleich nach dem Frühstück suchten wir erneut. Doch der Grashüpfer war nirgends zu finden.

Max verlor die Lust und wollte jetzt spielen.

Ich ging ins Wohnzimmer: „Mama?"

„Ja?"

„Darf ich an deinen Laptop?"

„Wozu?"

„Wir haben einen Grashüpfer im Kinderzimmer."

„Um diese Jahreszeit?"

„Ja! Und jetzt will ich nachschauen, wie man ihn fängt. Wir wollen ihn draußen freilassen."

Mama schaute mich immer noch skeptisch an.

„Komm doch mit, wenn du mir nicht glaubst und hör' selbst!", rief ich.

Als Mama und ich ins Kinderzimmer kamen, saß Max auf dem Boden. Er hatte seine Legobausteine überall verteilt, auch auf meiner Zimmerhälfte, doch heute war mir das egal.

„Hörst du?", fragte ich und sah, wie Mama lauschte.

„Tatsächlich", sagte sie nach einer Weile und blickte sich um.

„Wir haben schon alles abgesucht. Aber er ist nirgends zu finden!", sagte ich und Max nickte wie zur Bestätigung.

„Aber vielleicht können wir ihn in eine Falle locken."

Mama betrachtete jetzt sogar die Zimmerdecke. Dann sah sie mich lächelnd an: „Na, dann schalte ich euch mal den Laptop ein."

„Ja!", rief ich und rannte zurück ins Wohnzimmer. Max rannte mir hinterher.

Mama schaltete ihren Laptop ein und Max kletterte auf meinen Schoß. Fasziniert schaute er auf den Bildschirm, auf die Bilder von verschiedenen Grashüpfern. Ich fand sogar eine Tonaufnahme! Doch das Zirpen, was nun zu hören war, klang völlig anders.

„Wir haben gar keinen Grashüpfer", sagte ich verblüfft und auch ein wenig enttäuscht.

„Sondern?", fragte Mama.

Ich hatte keine Ahnung! Also hörten wir uns das Zirpen von verschiedenen Insekten an: Grille, Heuschrecke… Doch auch die klangen völlig anders. Erst beim nächsten Zirpen rief Max aufgeregt: „Ja, das! Das ist es!!!"

Er hatte recht. Das Zirpen, das nun zu hören war, klang ziemlich genau wie das Zirpen in unserem Kinderzimmer!

„Und was ist es?", fragte Mama neugierig.

„Es ist ein A-ch-eta dom-es-ticus", entzifferte ich.

„Ein was?", fragte Mama lachend.

„Acheta domesticus", wiederholte ich, und jetzt mussten wir wirklich alle lachen.

„Das ist lateinisch. Acheta bedeutet ‚Sänger' und domesticus ‚häuslich'. Wir haben also einen ‚häuslichen Sänger'. Man nennt es aber auch Heimchen."

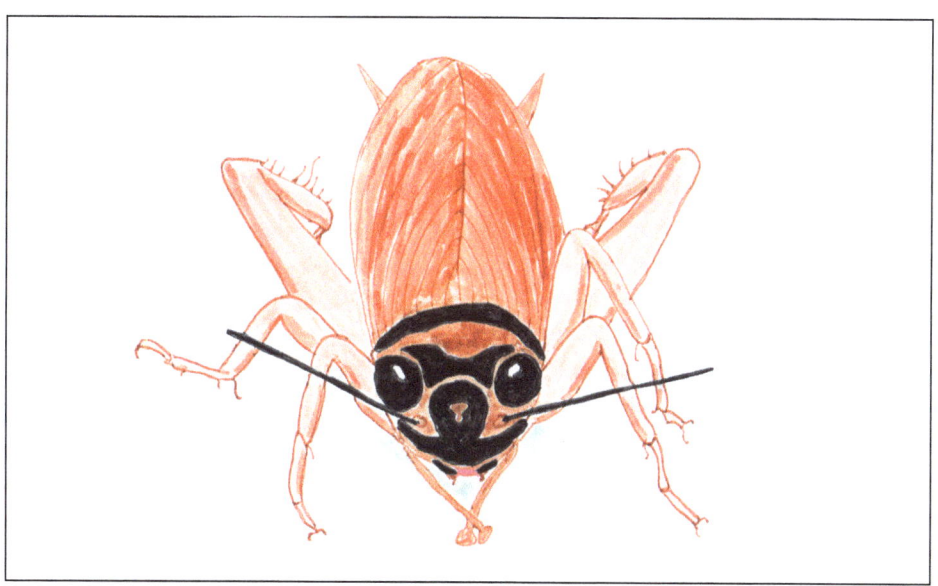

„Na, ihr seid mir schon zwei Heimchen", sagte Mama.

„Ja, weil wir immer zu Hause sind!", sagte Max und wir mussten noch mehr lachen.

Als wir uns beruhigt hatten, las ich weiter: „Das Zirpen machen paarungsbereite Männchen mit den Vorderflügeln. Sie locken so die Weibchen an."

Max kicherte.

„Dann habt ihr also ein Männchen", sagte Mama.

„Ja! Wir könnten ihm einen Namen geben!?"

„Bruno!", rief Max prompt und seine Augen leuchteten.

„Einverstanden!", sagte ich. „Ein Heimchen namens Bruno!"

Max rutschte von meinem Schoß, kletterte aufs Sofa und sprang und hüpfte dort herum: „Bruno, Bruno, Bruno!", bis Mama uns ins Kinderzimmer scheuchte. Dort bauten wir ein Raumschiff für Bruno, damit er bald wieder nach Hause fliegen konnte.

Wir hatten schon eine Weile gespielt, als ich merkte, dass Bruno aufgehört hatte zu zirpen. Wahrscheinlich war er müde und ruhte sich aus für die Nacht. In Papas Naturführer stand nämlich, dass Heimchen nachtaktiv und sehr lichtscheu sind. Die Weibchen sehen auf den ersten Blick besonders furchterregend aus, denn sie haben einen riesigen Stachel. Doch das ist nur der Legebohrer. Sie legen damit ihre Eier im Boden ab.

Außerdem fanden wir heraus, dass Heimchen ein beliebtes Futterinsekt für Geckos, Schildkröten, Vögel und Eidechsen sind. Und auf weiten Teilen der Erde werden Heimchen und Heuschrecken sogar von Menschen verspeist.

Igitt!

Nach dem Abendbrot bauten wir für Bruno eine Falle. Wir nahmen ein leeres Glas und legten Salat, Möhren und Haferflocken hinein, um Bruno damit anzulocken. Dann stellten wir die Falle auf den Boden direkt unter unser Fenster.

Lange konnten wir nicht einschlafen. Wir waren so aufgeregt. Immer wieder machten wir Licht und schauten nach, ob Bruno schon in die Falle getappt war. Irgendwann aber fielen uns die Augen zu.

„Gute Nacht, Bruno!", sagte ich und gähnte.

„Gute Nacht, Bruno!", sagte Max und gähnte ebenfalls.

Dann war Ruhe. Nur noch Bruno zirpte in der Dunkelheit.

Am nächsten Morgen schauten wir gleich nach der Falle. Doch die Falle war leer und das Futter unberührt. Ehrlich gesagt war ich ganz froh, denn so konnten wir Bruno noch ein bisschen länger behalten.

Mama durfte von jetzt an mit dem Staubsauger nicht mehr ins Kinderzimmer – wegen Bruno! Und Max erfand ein lustiges Spiel: Wenn wir uns durch das Kinderzimmer bewegten, durften wir den Boden so wenig wie möglich berühren, damit wir Bruno nicht aus Versehen zertreten.

Deswegen rief Max, wenn er nachts auf Toilette musste, auch so lange meinen Namen und warf mit Stofftieren nach mir, bis ich aufwachte und ihm das Licht anmachte. Erst dann setzte er vorsichtig einen Fuß auf den Boden.

In den nächsten Tagen schauten wir viele Videos über Heimchen und dichteten sogar ein Lied für Bruno! Und das ging so:

„Bruno klein | flog allein
in das Kinderzimmer rein
zirpte dort | immerfort
war versteckt vor Ort.
Doch die Kinder suchten sehr
rückten Stühle hin und her
wunderbar | unsichtbar
war klein Bruno da"

Und dann kam Papa! Ich machte gerade Aufgaben für die Schule, als er plötzlich zur Tür hereinkam. Mama hatte uns extra nichts gesagt, um uns zu überraschen. Ich freute mich so sehr, dass er jetzt wieder zu Hause war. Am Liebsten wäre ich den ganzen Tag auf seinem Arm geblieben.

Zur Feier des Tages beschlossen wir, dass es heute Spaghetti Bolognese geben sollte – unser Lieblingsessen. Mama, Max und ich machten uns sofort auf den Weg zum Supermarkt, um alles einzukaufen. Papa musste zu Hause bleiben, wegen der Quarantäne. Aber er wollte sowieso erstmal auspacken und in Ruhe ankommen.

Doch als wir zurück kamen, war Papa in unserem Kinderzimmer. Er stand auf der Leiter und hatte einen Schraubenzieher in der Hand. Damit hantierte er an dem weißen, runden Ding an unserer Zimmerdecke.

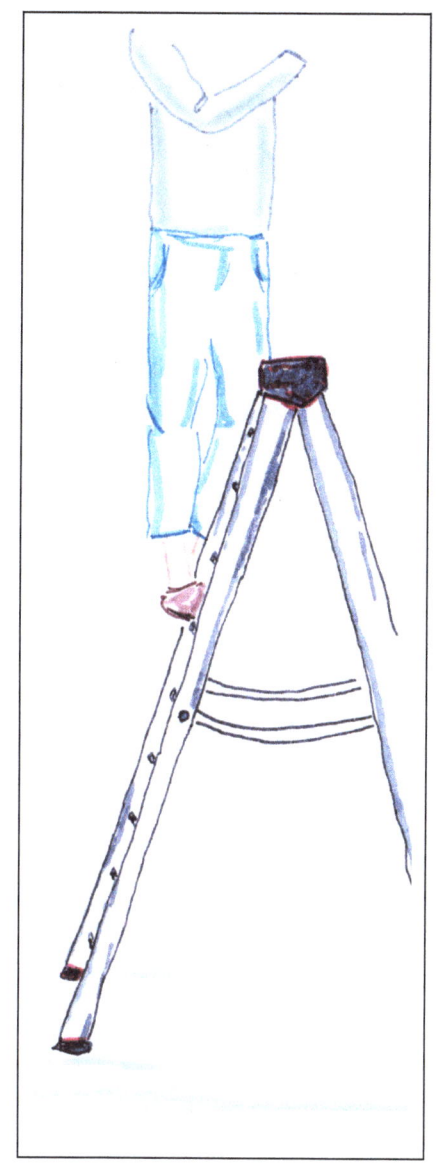

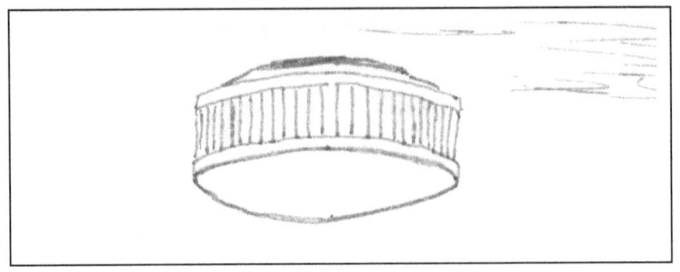

„Was machst du da?", fragte ich verwundert.

„Ich will nur schnell die Batterie vom Rauchmelder wechseln", sagte Papa. „Hört ihr nicht dieses nervige Fiepsen?"

„Aber... aber das ist Bruno!", protestierte Max.

„Ja, Bruno! Unser Heimchen!", pflichtete ich ihm bei.

„Bruno hat sich in unser Kinderzimmer verirrt und wohnt jetzt..."

Ich konnte nicht weitersprechen, denn Papa öffnete in diesem Moment die Abdeckung des Rauchmelders. Das Zirpen war jetzt ganz deutlich zu hören. Wir hielten die Luft an. Papa nahm die Batterie heraus – das Zirpen verstummte.

Max schaute entsetzt und brachte keinen Ton hervor. Auch ich war geschockt. Ich ging ein paar Schritte und blickte zum Rauchmelder empor. Dann sagte ich:

„Bruno ist tot!"

Max fing bitterlich an zu weinen. Ich aber schaute zu Mama und da erinnerte ich mich, wie sie in unserem Kinderzimmer gestanden und an die Zimmerdecke geschaut hatte. Jetzt wurde mir alles klar.

„Du hast es gewusst!?", rief ich empört.

Mama nickte.

„Du hast es die ganze Zeit gewusst und uns nichts gesagt?!" Ich konnte es einfach nicht fassen.

„Das war für uns alle keine einfache Zeit", sagte Mama. „Und ich dachte, es wäre schön, wenn ihr jetzt einen neuen Freund habt. Auch wenn er unsichtbar ist."

Obwohl wir froh waren, dass Papa wieder zu Hause war, waren wir sehr betrübt. Wir hatten Bruno verloren und er fehlte uns sehr. Max hatte am Abend nicht mal Appetit auf Spaghetti Bolognese. Und das will schon was heißen.

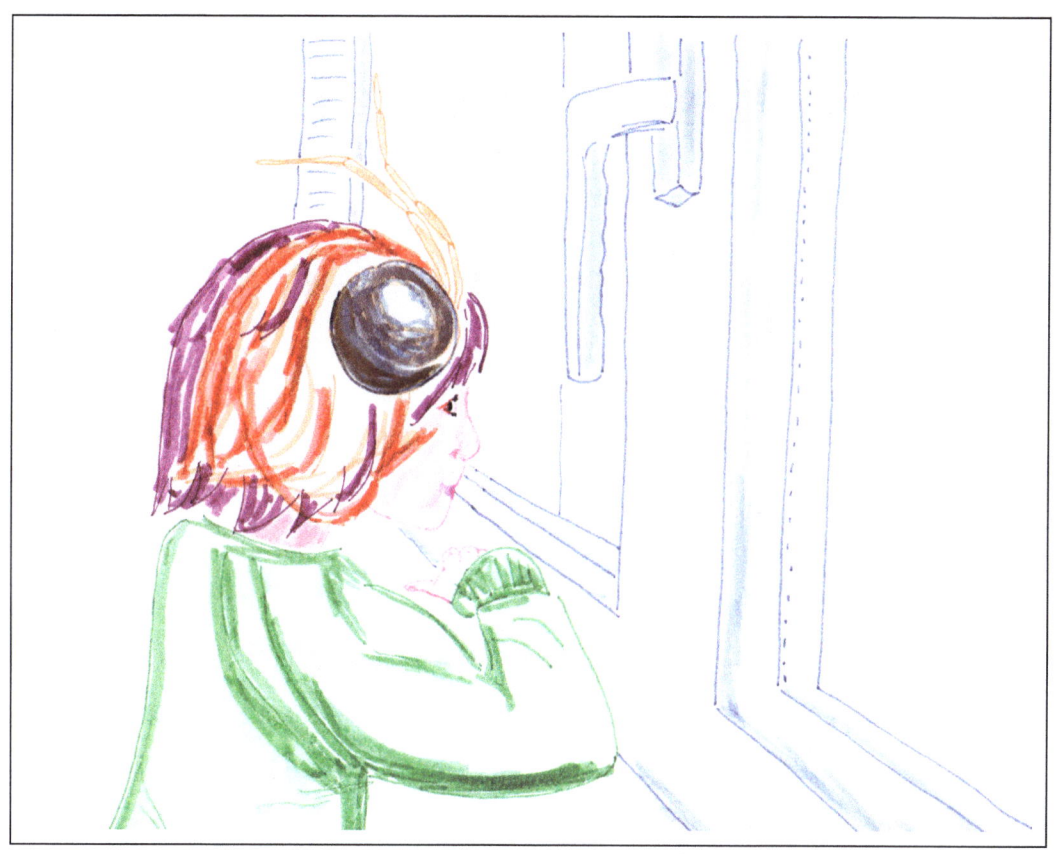

Ohne Bruno merkten wir jetzt wieder, wie doof es war, dass wir nicht einfach rausgehen und unsere Freunde treffen konnte, wann immer wir wollten. Dabei schien draußen die schönste Frühlingssonne, die man sich vorstellen konnte.

Dann kam Ostern. Wir spielten gerade im Kinderzimmer, als Mama und Papa plötzlich riefen: „Max! Annabelle! Kommt schnell, der Osterhase war da!"

Wir stürmten los, doch kaum betraten wir das Wohnzimmer, blieben wir verwundert stehen, denn wir hörten ein lautes Zirpen!

„Ist das... echt?", fragte ich ungläubig.

„Das ist echt", sagte Mama.

„Bruno!", rief Max und schaute aufgeregt herum.

„Na, ihr müsst schon suchen, wenn ihr Bruno finden wollt", sagte Papa und wir suchten los. Die Süßigkeiten waren uns egal. Wir wollten nur Bruno finden. Und fanden ihn auch! Und nicht nur Bruno, sondern mit ihm noch neun weitere Heimchen! Sie waren in einer durchsichtigen Plastikbox.

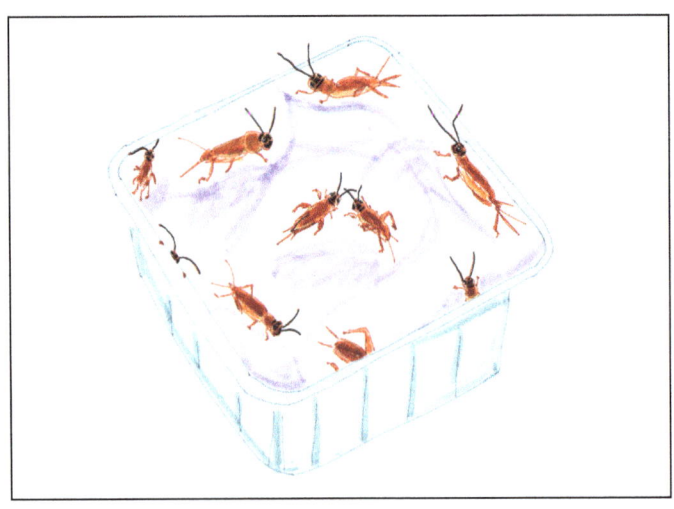

In den nächsten Tagen und Wochen durften wir Bruno, Supi, Stupsi, Pepsi, Cola, King, Rosti, Mix, Friedolin und Ruby behalten. Sie wohnten in einem Terrarium bei uns im Kinderzimmer. Wir fütterten sie täglich und beobachteten sie jede freie Minute. Die Zeit verging wie im Flug.

Ich ging schon wieder zur Schule, Max in die Kita, und ich hatte schon längst meine neuen Sandalen bekommen, als wir endlich Oma und Opa wieder besuchen durften. Die Wiedersehensfreude war riesig! Und auf der Wiese im Garten ließen wir die Heimchen frei. Pepsi und Cola hatten nicht überlebt, aber die anderen wuselten in alle Richtungen davon. Wir schaukelten stundenlang und von Omas Apfelstrudel durften wir heute so viel essen, wie wir wollten. Natürlich mit Vanilleeis. Währenddessen zirpte es friedlich um uns herum – und vor uns lag ein herrlicher Sommer.

Ende

Liebe Kinder, liebes Lesepublikum,

hat euch die Geschichte von Bruno gefallen? Wenn ja, dann empfehlt mein Buch auch an andere Kinder weiter – so kommt Bruno in die Welt.

Mein Dank gilt an dieser Stelle meinem Mann, Stine und ihrem Mann, meinem Vater, meinen Schwestern, Annabelle und Max, meinen engsten Freund*innen und meiner anonymen Leserschaft auf Instagram.

Mai 2020